PROCÈS

DE M. LE COMTE DE KERGORLAY.

LYON, IMPRIMERIE DE THÉODORE PITRAT.

PROCÈS

DE M. LE COMTE DE KERGORLAY,

EX-PAIR DE FRANCE,

ET DE MM. DE BRIAN, DE GENOUDE ET LUBIS;

Devant la Cour des Pairs.

<hr>

PRÉSIDENCE DE M. PASQUIER.

Audience du 22 Novembre 1830.

PRIX : 1 F. 25. C.

LYON,

CHEZ LES PRINCIPAUX LIBRAIRES.

1830.

PROCÈS

DE M. LE COMTE DE KERGORLAY,

EX-PAIR DE FRANCE,

ET DE MM. DE BRIAN, DE GENOUDE ET LUBIS.

Cour des Pairs. — Présidence de M. Pasquier.

Audience du 22 Novembre 1830.

A midi, MM. les pairs sont réunis dans la salle des délibérations.

La salle des séances est disposée à peu près comme de coutume, sauf de légers changemens indispensables pour transformer la chambre législative en cour judiciaire. Le banc des ministres est remplacé par des siéges et un bureau destinés au ministère public. A la gauche de la tribune, l'enceinte semi-circulaire est fermée par la barre, en dehors de laquelle sont plusieurs siéges pour les accusés et les avocats.

Toutes les tribunes publiques sont remplies. L'enceinte semi-circulaire derrière le bureau est occupée par des fils de pairs de France.

A une heure, les huissiers annoncent la cour.

MM. les pairs entrent dans la salle, ayant à leur tête le président, précédé de tous les huissiers. Jamais le nombre des membres présens n'a été aussi considérable.

Les prévenus et leurs défenseurs entrent par la porte opposée, et se placent à la barre. Dans l'enceinte de la cour et dans les tribunes publiques, tous les regards se portent sur M. le comte de Kergorlay.

MM. Persil et Berville, faisant les fonctions du ministère public, se dirigent vers leur bureau.

Les défenseurs sont MM. Berryer, Hennequin et Guillemin.

M. le président annonce que l'audience est ouverte.

M. le Psésident. Comte de Kergolay, quels sont vos nom, prénoms, âge et demeure ?

M. de Kergorlay. Louis-Florian-Paul, comte de Kergorlay, *pair de France,* âgé de 61 ans, demeurant à Paris, rue Saint-Dominique, n.° 102.

M. le président adresse les mêmes questions à chacun des accusés, MM. de Brian, Genoude et Lubis.

M. le Président. Les défenseurs sont-ils présens ? Les avocats se lèvent.

M. le président leur rappelle l'art. 291 du code d'instruction criminelle, qui enjoint aux avocats de ne rien dire contre leur conscience, et de s'exprimer avec décence et modération.

On procède à l'appel nominal. 148 de MM. les pairs répondent à l'appel. Sont absens : MM. de Duras, Chastellux, duc d'Aumont, Maison, Bellune, Castellane, Biron, Montesquiou, Raigecourt, Damas, Harcourt, d'Eymery, d'Hunolstein, Villegontier, Conegliano, Montalembert, Guilleminot, Bourke, Bastard, Tournon, Morel de Vindé, Montalivet, Ducayla, Noailles, Laplace, Valmy, Chabrillant, Dalmatie, Sauvaire-Barthélemy.

M. le président fait connaître les excuses de l'absence de quelques-uns : il propose à la cour d'admettre ces excuses, qui lui ont paru légitimes.

M. le Président. L'usage de la cour étant de statuer sur sa compétence avant de rendre un jugement au fond, elle va se retirer dans la salle des délibérations. M. l'avocat du roi a-t-il quelques observations à présenter ?

M. Persil, procureur-général. Aucunes.

M. le président adresse la même question aux défenseurs.

M. Berryer. La cour s'est déclarée compétente sur la réquisition du procureur-général : nous réclamons nous-mêmes cette compétence.

La cour se retire.

A deux heures et demie, la cour rentre dans la salle.

M. le président donne lecture de l'arrêt par lequel la cour se déclare compétente.

M. le Président. Comte de Kergorlay, reconnaissez-vous être l'auteur de la lettre signée *comte de Kergorlay, pair de France,* insérée dans le n.º du journal dit *La Quotidienne*, du 25 septembre 1830, et dans celui de la *Gazette de France*, du 27 du même mois. (Mouvement d'attention.)

M. de Kergorlay. J'en suis l'auteur, et j'en ai corrigé les épreuves.

Le Président. Vous avez répondu d'avance à la question que j'allais vous adresser : est-ce vous qui l'avez fait insérer dans ces deux journaux ?

M. le comte de Kergorlay. C'est à ma demande qu'elle a été insérée.

Le Président. De Brian, est-ce vous qui avez publié la lettre de M. de Kergorlay ? et par quels motifs l'avez-vous fait ?

M. de Brian. J'ai inséré cette lettre comme un document historique, et comme m'étant communiquée par un pair de France.

M. de Genoude répond à la même question qu'il a agi par les mêmes motifs.

M. Lubis, également interrogé sur ce fait, répond que, comme rédacteur en chef, il a eu connaissance de la lettre, mais qu'il n'en a point ordonné l'insertion ; que M. de Genoude seul, comme gérant, a pu l'ordonner, et l'a seul ordonnée ; que d'ailleurs, s'il y a une responsabilité à encourir, il ne la répudie pas, mais qu'il était de son obligation d'éclairer la cour sur sa position dans le procès.

M. de Genoude. M. Lubis ne remplit aucune des conditions de la responsabilité ; il n'a pas déposé de cautionnement, il n'a pas fait de déclaration, son nom n'est au bas du journal que pour que je puisse être remplacé quelquefois dans la rédaction. Si l'insertion de la lettre est un délit, il n'y a pris aucune part ; s'il y a une peine à encourir, j'en dois seul être passible.

M. Persil, procureur-général. Messieurs, une immense révolution s'est naguère réalisée sous nos yeux. Elle a, après des malheurs infinis, comblé les vœux de la grande majorité des Français ; mais nous ne pouvons nous le dissimuler, elle a, en même temps, blessé certains intérêts, choqué quelques amour-propres et jeté l'alarme dans un petit nombre de consciences.

Les uns, lisant hardiment dans l'avenir le bonheur que le pays devait puiser dans le nouvel état de choses, s'y sont à regret mais franchement ralliés.

Les autres, plus constans dans leurs affections et uniquement entraînés par le souvenir du passé, se sont crus obligés d'y rester fidèles, mais sans marquer autrement leur improbation que par le silence : ceux-ci se rallieront plus tard.

Enfin les derniers, mus par je ne sais quel intérêt ou quelle passion, n'ont pas hésité à se montrer les ennemis déclarés de la révolution, et ce qu'il n'avaient pas osé faire au jour du désastre de leur parti, les armes à la main, ils le font après que le danger est passé, par leurs écrits et leurs publications journalières.

Paix à ceux qui conservent silencieusement leur affection et qui ne font rien pour l'accréditer et la faire triompher : la tolérance est entrée avec le nouveau roi dans les conseils.

Mais guerre à outrance, guerre à mort à ceux qui ne profitent de la liberté et de la tolérance généralement accordées, que pour attaquer le nouveau roi, pour propager les fausses doctrines et créer des partisans à un gouvernement heureusement abattu, que, sans être criminel et presque fou, on ne pourrait essayer de relever.

Parmi les partisans audacieux de l'ancienne dynastie et d'un autre ordre de choses , vous n'aurez pas vu sans douleur un ex-pair de France, qui pouvait plaindre et regretter , qui avait le droit de se condamner à la vie privée en se séparant silencieusement de vous, mais qui a préféré attaquer, avec éclat et par tous les organes de la publicité, ce que la France venait de faire, et la personne auguste qui, placée à sa tête, avait acquis des droits à la vénération de tous les Français.

Cet ancien pair de France, c'est M. le comte Florian de Kergorlay.

Le 23 septembre dernier, il avait écrit à M. le président de la chambre des pairs pour l'informer qu'il ne prêterait pas le serment exigé par la loi.

Sa lettre avait sans doute paru tellement inconvenante à ce noble magistrat, que, malgré la demande expresse de M. de Kergorlay de la faire insérer au procès-verbal de la séance de la chambre, il crut de son devoir de n'en pas parler publiquement à ses collègues.

Ce jugement, tout de bienveillance et d'intérêt pour M. de Kergorlay, aurait dû l'avertir, soit de l'inconvenance de sa lettre, soit du danger auquel elle l'exposait. Il ne fit que l'aigrir. La sage réserve, la prudence et la circonspection de M. le président lui parurent une violation de ses droits comme citoyen et comme pair. Il alla lui-même porter sa lettre au journal *La Quotidienne*.

Voici en quels termes elle fut rapportée dans le n.° du 25 septembre.

A M. le président de la chambre des pairs.

M. le président,

Quatre-vingt-sept pairs ont consenti, le 30 août dernier, à déclarer personnellement déchus du droit de siéger dans la chambre dont ils sont membres, tous ceux qui n'auraient pas, dans le délai d'un mois, prêté serment à un roi nouvellement élu et à une charte nouvelle.

J'ignore en vertu de quel droit cette élection et cette charte se sont faites.

Quant à moi, j'ai prêté avec sincérité un serment sérieux à mes rois et à la charte constitutionnelle que l'un d'eux donna à la France. En leur prêtant ce serment, j'ai toujours compris qu'il engageait ma fidélité non seulement à eux, mais à leurs légitimes successeurs, et à la nation même, à la loi fondamentale qui règle depuis tant de siècles la succession à la couronne parmi nous.

« En prêtant serment à mes rois, j'ai cru
» prêter serment à des hommes sujets comme
» moi à l'erreur, et je n'ai pas cru que les erreurs
» qu'ils pourraient commettre me dussent délier
» de mes sermens ni envers eux ni envers leurs

» légitimes successeurs ; » je n'ai pas cru non plus qu'elles m'autorisassent à concourir *à un acte de violence* qui voudrait dépouiller mes concitoyens de la salutaire institution de l'hérédité du trône. J'ai toujours considéré cette institution comme la seule solide garantie de toutes nos libertés, et je refuse de concourir à sa destruction, parce que je suis toujours également convaincu que cette destruction ne peut que frayer parmi nous la route à toutes les tyrannies.

La charte, que tous les pairs ont jurée, porte en son article 13, que « la personne du roi est » inviolable et sacrée, et que ses ministres sont » responsables. » Ce principe fondamental de la charte ne permet pas que le roi soit personnellement pris à partie pour les griefs auxquels son gouvernement aurait pu donner lieu. La responsabilité de ses ministres est la voie constitutionnelle ouverte pour obtenir le redressement de ces griefs.

Une fiction constitutionnelle ne permet pas qu'on impute au roi les fautes de son gouvernement ; la réalité même des choses permet encore bien moins qu'on les impute au royal enfant mineur qui est étranger aux actes de son aïeul, et qui, par le seul fait de « la double abdication de S. M. » le roi Charles X et de son auguste fils, devint » à cet instant même, le 2 août dernier, le roi à » qui ma fidélité est engagée. »

Les chambres, sans rien pouvoir alléguer contre le droit de M. le duc de Bordeaux, ont transféré, le 7 du même mois, sa couronne au premier de ses sujets. « Je ne m'associerai point par » un serment à un acte auquel je me serais cru » coupable de concourir. »

A défaut d'aucun droit, on *a allégué*, en fa-

veur du roi qu'ont élu les chambres, que « lui
» seul pouvait sauver la France : je pense, au
» contraire, qu'il était de tous les Français le plus
» incapable de la sauver, parce que de tous les
» Français, il est celui à qui l'usurpation à la-
» quelle on le convia, dut sembler la plus cri-
» minelle. »

Un de ses ancêtres gouverna mal la France,
mais fut du moins parent et régent fidèle pendant
la minorité d'un roi enfant, dont la vie seule le
séparait du trône. Cet exemple méritait d'être
préféré comme règle de conduite à des souvenirs
moins distans.

Quant à la charte, j'ai, à son sujet, deux con-
victions constantes : l'une, qu'un roi qui a juré
une charte n'a pas le droit de la violer ; l'autre,
qu'alors même que des modifications à une charte
seraient utiles, des chambres qui ont juré cette
charte n'ont pas le droit de donner pour base à
ces modifications l'expulsion de leur roi.

J'attendrai donc, avant de prêter serment à
une charte modifiée, « que les modifications qu'y
» pourraient désirer les Français apparaissent à
» leurs vœux sous l'autorité du roi légitime. »
Elevé par sa noble mère dans le sentiment intime de ses devoirs envers son peuple, L'ENFANT
ROYAL VIVRA POUR LE BONHEUR DE LA FRANCE,
ET NOUS SERA UN JOUR RENDU.

Il y a toutefois un des articles de la charte
nouvelle sur lequel aujourd'hui même je crois ne
devoir pas garder le silence.

Deux cent dix-neuf députés déclarèrent, le
7 août dernier, le trône vacant, firent une nouvelle charte, dont un article excluait de la chambre des pairs tous ceux qu'avait nommés Charles X,
et offrirent la royauté au lieutenant-général du

royaume. Quatre-vingt-neuf pairs adhérèrent le même jour à la nouvelle charte et à l'élection du nouveau roi, déclarant s'en rapporter à sa prudence sur l'expulsion de leurs collègues.

« Les pairs exclus ont à la pairie le même » droit que tous les autres. J'ai été élevé à la » pairie par Louis XVIII, et je reconnais à » ceux qui l'ont reçue de Charles X le même » droit que le mien. »

Mais leur exclusion porte, en particulier, relativement à l'accusation des ministres de Charles X, le caractère le plus sinistre. « Les juges naturels des ministres sont, non pas quelques pairs, mais tous les pairs. » L'art. 62 de la charte que les pairs ont jurée porte que nul ne pourra être distrait de ses juges naturels. L'art. 63 ajoute qu'il ne pourra, en conséquence, être créé de commission et tribunaux extraordinaires. »

« J'ignore comment on pourrait soutenir que l'exclusion arbitrairement donnée à un quart environ des membres du tribunal ne le transformerait pas en commission ou tribunal extraordinaire, « et je sais de quel nom sont » inévitablement flétries dans la postérité les » condamnations à mort, lorsqu'elles sont por- » tées par des tribunaux de cette espèce. Je ne » m'associerai pas, par un serment, à un acte » d'exclusion qui transforme la cour des pairs en » commission ou tribunal extraordinaire, et qui » stygmatise à l'avance les condamnations à mort » qu'elle pourrait porter, de la qualification d'as- » sassinat judiciaire.

» La postérité est d'autant plus sévère à don- » ner cette qualification, lorsque les juges ont à » la condamnation des accusés un intérêt appa- » rent. » Or, les pairs qui ont adhéré, dans la

séance du 7 août dernier, à la déclaration de vacance du trône, ne se prétendent déliés du serment qu'ils avaient prêté à S. M. Charles X et à
la charte constitutionnelle, que parce qu'ils im-
putent à cet infortuné prince d'avoir, par le
conseil de ses ministres, violé cette charte lui-
même. « Ces mêmes pairs ont donc un intérêt
apparent à trouver coupables les ministres dont
l'accusation se prépare, « et je ne m'associerai
« point par un serment à un système qui donne
« à des ministres, pour juges, des hommes qui
« se sont créé à eux-mêmes un intérêt apparent à
« les condamner.

Je viens d'exposer les motifs de mon refus de
prêter le serment qui m'est demandé, j'ai cru devoir les déclarer à mes collègues. Je vous prie
donc, M. le président, de vouloir bien donner à
la chambre, dans la séance d'aujourd'hui, lecture
de ma présente lettre, et je la prie elle-même ici
d'en ordonner l'insertion en son procès-verbal.

Un membre de la chambre des pairs, déclaré
déchu de son droit de siéger, parce qu'il demeure
fidèle à son serment, ne peut se croire valable-
ment déchargé par là de son obligation de délibérer et de voter dans la chambre dont il est membre. Sa volonté ne se rend point complice de
l'obstacle qui l'empêche de remplir ce devoir : *il
cède à l'abus de la force matérielle.*

Signé le comte FLORIAN de KERGORLAY, pair
de France.

Paris le 23 septembre 1830.

L'énergie, nous avons presque dit l'audace
d'une pareille protestation, consterna les gens de
bien ; l'autorité elle-même en était comme étour-
die, lorsque, prenant son silence, durant deux
jours, pour l'aveu de sa faiblesse, à laquelle il

suffisait sans doute de porter un dernier coup, M. de Kergorlay renouvela la publication de sa lettre dans le n.º de la *Gazette de France*, du 27 septembre.

Malgré notre résolution de laisser à la presse la plus grande latitude et presque l'abus de la liberté, il ne nous fut pas possible de dévorer cet outrage. Tout était méconnu, insulté dans cette publication : principes anciens, principes nouveaux, droits du souverain déchu, droits de la nation, droits du souverain qu'elle s'était choisi. Il fallait renoncer à jouir des bienfaits de notre régénération politique, ou poursuivre judiciairement ceux qui en attaquaient ainsi le principe. C'est le parti que nous prîmes.

Le jour même où la *Gazette de France* publiait cette lettre, *le 27 septembre*, M. le procureur du roi requit d'un juge d'instruction qu'il fût informé contre les gérans responsables de la *Quotidienne* et de *la Gazette de France*.

M. de Brian pour *la Quotidienne*, et MM. Genoude et Lubis pour *la Gazette de France*, se rendirent auprès de ce magistrat. Ils lui déclarèrent que c'était M. de Kergorlay lui-même qui leur avait apporté sa lettre, et qui en avait demandé l'insertion dans leurs journaux. Ils ajoutèrent, ou, pour être plus exact, M. de Brian gérant de la *Quotidienne*, ajouta seul :

Que si cette lettre était incriminée, il entendait suivre le sort du principal inculpé qui était l'auteur de la lettre, et par conséquent être jugé par la chambre des pairs, qui, à son avis, était seule compétente pour juger M. de Kergorlay.

Le juge d'instruction fit comparaître devant lui M. de Kergorlay d'abord comme témoin, et ensuite comme prévenu. Il répondit

Qu'il regardait les rédacteurs de la *Quotidienne*

et de la *Gazette* comme devant être entièrement étrangers à la publication de sa lettre.

Que c'était lui-même qui en avait porté copie aux bureaux des deux journaux et corrigé les épreuves.

Je vous déclare, continua-t-il, que j'ai écrit cette lettre en *ma qualité de pair de France*, et que je n'ai pas entendu donner ma démission.

Puisque je suis interrogé, je dois vous dire que je décline votre compétence; et que je m'abstiens de répondre.

La loi (du 31 août 1830) porte : qu'à défaut de serment, les pairs sont personnellement déchus du droit de siéger. Je ne saurais considérer cette déchéance comme une déchéance de juridiction : « d'ailleurs, le délit qui m'est imputé porte « une date antérieure à l'expiration du délai. »

M. le juge d'instruction fit son rapport, et la chambre du conseil du tribunal de première instance du département de la Seine, par ordonnance du 29 octobre dernier se déclara compétente et mit M. le comte de Kergorlay en prévention du délit « excitation au mépris et à la » haine du gouvernement du roi. »

Le procureur-général à la cour royale de Paris soumit la plainte et l'ordonnance de la chambre du conseil à la chambre d'accusation : comme sur la question de compétence il ne partageait pas l'opinion de la chambre du conseil , il provoqua, ainsi que la loi l'y autorisait , la réunion de la chambre des appels de police correctionnelle à la chambre d'accusation.

Les deux chambres assemblées, le procureur-général déposa un réquisitoire à la suite duquel fut rendu l'arrêt par lequel la cour se déclare incompétente et renvoie les prévenus devant qui de droit.

Vous savez , messieurs, ce qui s'est passé depuis. Le procureur-général a transmis les pièces de cette procédure à M. le garde-des-sceaux , et sur le vu de l'arrêt de la cour royale de Paris , S. M. a rendu une ordonnance qui convoque la chambre des pairs en cour de justice, pour juger les délits imputés à M. de Kergorlay et aux gérans des deux journaux.

Nous les avons fait citer à comparaître ce jour-d'hui devant vous , ainsi que votre arrêt nous y autorise , et puisque vous venez de vous reconnaître compétens , nous n'avons plus qu'à vous faire connaître les délits que nous leur imputons.

La lettre de M. de Kergorlay peut être considérée sous deux points de vue différens. Sous le rapport des principes politiques qu'il professe et que je n'examinerais pas s'ils ne constituaient pas des délits, et relativement à l'intention qu'il annonce , d'attaquer le gouvernement du roi des Français, en regardant encore comme existant un gouvernement dont il faudrait pouvoir perdre jusqu'au souvenir.

Dès son début, M. de Kergorlay déclare qu'il » ignore en vertu de quel droit on a élu un roi et » fait une charte. »

S'il avait lu le préambule de cette charte, il aurait appris que le roi avait été élu et la charte faite « en vertu de la nécessité qui résultait des » événemens de juillet, et de la situation où la » France s'était trouvée placée à la suite de la » violation de la charte de 1814. »

Il y aurait vu que la souveraineté du peuple érigée en principe, avoit autorisé à déclarer vacant un trône qui n'avait su ni se soutenir ni se défendre, et que nul en France, au jour du danger, n'était venu appuyer.

Il y aurait appris que, par suite de cette sou‑
veraineté populaire, la France était rentrée dans
le droit naturel de se choisir un chef, et de lui
dicter les conditions sous lesquelles elle consen‑
tait à le placer à sa tête.

Voilà le droit en vertu duquel le roi a été élu
et la charte rectifiée; droit imprescriptible, sous
l'empire duquel toutes les nations se sont for‑
mées, et qu'elles ne peuvent pas perdre en vieil‑
lissant et à mesure qu'elles font des progrès dans
la civilisation.

Nous n'ignorons pas que pour des hommes
qui ont vieilli dans les préjugés de la féodalité et
du droit divin, la souveraineté du peuple a quel‑
que chose de risible et de terrible à la fois. On se
la rappelle sous les haillons de la misère, ou trans‑
portée dans les comités de salut public, où elle
disposait de la vie des plus honorables citoyens.

Mais c'était alors l'abus du droit, et non le
droit dans sa pureté, tel que notre charte le con‑
sacre. Chaque citoyen de quelque condition qu'il
soit, à des droits sans doute, mais tous ne les
exercent pas. Il y a des conditions de capacité,
de situation, de fortune, qui, laissant le droit à
tous, n'en permettent l'usage qu'à certains.

Ce sont ceux-là, ce sont les élus de la France,
qui, dans cette occasion, en ont sagement fait
usage. Vainement on dira que tel n'était pas leur
mandat, et que, nommés sur la provocation de
Charles X, ils n'avaient pas mission pour dispo‑
ser de sa couronne; nous répondrons, et la Fran‑
ce entière ne nous désavouera pas, que le man‑
dat des députés n'a pas de limite : que, nommés
dans l'intérêt du peuple, ils ont tous ses droits,
ils peuvent tout ce que « la nécessité des temps
et des circonstances prescrit, » et que leurs actes

sont obligatoires dès qu'ils sont approuvés par le vœu national.

Or, l'approbation et la ratification ne leur ont pas manqué. Non seulement une voix improbative ne s'est pas élevée, mais vous avez vu la France entière, chaque village, chaque hameau, et, pour ainsi dire, chaque feu rendre, par ses adresses, des actions de grâce aux chambres à l'occasion de leur noble conduite et briguer d'envoyer au nouveau souverain des députés, qui déposassent dans ses mains le témoignage de leur adhésion complète à son élection, comme aux conditions sous lesquelles il avait consenti à se mettre à la tête des Français.

Voilà la véritable légitimité, celle que les rois doivent ambitionner : elle ne procède pas d'une communication mystérieuse avec la divinité que, dans des temps d'ignorance, il a fallu supposer pour imposer aux peuples ; le mensonge et la superstion ne réussiraient plus. C'est de la vérité qu'il faut de nos jours, et la vérité n'a pas manqué à l'élection du roi des Français.

Que si M. Kergorlay ajoute qu'un acte de violence (c'est ainsi qu'il qualifie notre conduite dans les immortelles journées) ne peut le délier de ses sermens ni envers Charles X, ni envers ses successeurs, il commet une erreur et fait une mauvaise action qui ne conduirait à rien moins qu'à la guerre civile.

On l'a dit depuis long-temps : les peuples ne sont pas faits pour les rios ; c'est le contraire : quand un roi manque à ses engagemens, quand il déchire le contrat, ou exprès ou tacite, fait avec son peuple, celui-ci rentre dans tous ses droits par la résiliation du pacte. Si le peuple le laisse tomber ou s'il dispose de la couronne, ce n'est pas là de la violence, c'est tout simplement de la justice.

L'élévation à laquelle notre vénération place les rois nons paraîtrait peut-être le ravaler et manquer nous-même de dignité en comparant le contrat qu'ils forment en montant sur le trône, avec ceux que font journellement les particuliers pour le plus mince intérêt. Cependant ce n'est pas autre chose ; les chartes , les constitutions sont des actes réciproques qui lient aussi bien le souverain que les peuples , et qui renferment une clause résolutoire tacite en cas d'infraction.

On nous demandera sans doute à qui appartiendra le droit de constater la violation et de et de juger du moment où commencera par le peuple le droit de faire descendre le souverain de son trône.

A la raison publique , à ce tribunal auguste que l'on sent et qu'on trouve partout ; à cette autorité infaillible infaillible à laquelle il n'est pas permis de résister parce qu'elle est le résultat de la conscience et pour ainsi dire de l'organisation humaine.

Nous en avons , dans ces derniers temps , éprouvé tout l'empire ; et Charles X, et son fils lui-même ; n'ont pas eu la puissance de s'y soustraire , puisque vous les avez vus , entraînés par cette opinion générale qui les repoussait , consentir eux-mêmes à une expulsion personnelle à laqnel ni l'un ni l'autre ne songeaient pas cinq jours auparavant.

Quant au jeune enfant, auquel M. de Kergorlay . croit devoir sa fidélité, nous combattrions ses droits, si sérieusement on pouvait lui en supposer.

Lorsque le premier roi de la troisième race

monta sur le trône , ses enfans n'avaient encore aucuns droits à la couronne de France ; ce fut en la prenant du consentement tacite du peuple au préjudice de celui qu'on appelait aussi l'héritier légitime , qu'il leur en acquit, non de perpétuels et d'irrévocables, mais de subordonnés à sa conduite, *de résolubles* par l'infraction des engagemens qu'il avait tacitement contractés. Si de son vivant Hugues Capet eût été expulsé , comme Charles X , croirait-on que la fidélité du peuple eût été engagée envers les descendans ?

Certainement non : les droits éventuels de l'héritier présomptif de la couronne se seraient évanouis comme il s'étaient formés. Le père les avait acquis par son courage et son habileté, il pouvait les perdre par son imprudence et sa mauvaise foi.

C'est ce qui est arrivé au roi Charles X. La nation, par ses représentans , a proscrit sa race et délié les Français de tout engagement envers elle. Elle a fait plus ; par des adresses et des délégués spéciaux envoyés auprès du nouveau souverain , elle a approuvé la translation de la couronne et la délégation qui lui en avait été faite. Que vient-on nous parler ensuite d'un prétendant auquel la fidélité des sujets serait engagée.

Non, et c'est un véritable crime de le prétendre ; c'est surtout la faute d'un mauvais citoyen de le publier. C'était bon dans le temps où les rois osaient prétendre qu'ils ne relevaient que *de Dieu et de leur épée* , de regarder les peuples comme le patrimoine de leur famille. La civilisation a rendu leurs droits aux nations ; si elles savent tout ce qu'elles doivent de vénération et d'obéissance aux rois qui se dévouent pour elles , elles n'ignorent pas que, dans des cas bien rares et lorsque, par le malheur de leur position, elles sont poussées à bout, elles ont en elles de quoi reconquérir leur indépendance. Ce n'est pas, comme le dit M. de Kergorlay, abuser de la force matérielle, c'est encore moins convier un grand citoyen à une sorte d'usurpation : c'est tout simplement user de son droit, c'est faire justice à la dynastie qui finit et à celle qui commence. C'est, en faisant cesser les malheurs présens, fonder le bonheur de l'avenir.

Et je vous le demande, messieurs, à quoi servent aujourd'hui, à quoi pouvaient servir, à la fin de septembre dernier, toutes ces assertions que publiait M. de Kergorlay?

S'il y croyait, qu'il les renfermât dans sa conscience, qu'il en fît la règle dans sa conduite, nous ne serions pas allé les y chercher.

Mais les publier dans les journaux! mais s'en faire un moyen pour attaquer le gouvernement existant, qu'il essaie de saper dans sa base! mais s'en servir pour établir de prétendus droits de Henri V, qui vivra, dit-il, pour *le bonheur de la France!* mais, par une de ces prophéties que la passion seule peut créer et soutenir, annoncer que cet enfant royal *nous sera un jour rendu!* C'est le comble de la hardiesse; c'est ne reculer ni devant les faux principes, ni devant leurs désastreuses conséquences; c'est, de gaîté de cœur, affronter le gouvernement existant, élever trône contre trône, et porter la guerre civile au sein de son pays.

Que dirait M. de Kergorlay si ses principes, pris à la lettre, avaient mis les armes à la main dans un de nos départemens; que là, arborant le drapeau qu'on ne peu plus dire sans tache depuis les journées de juillet, on eût défié la France régé-

nérée et appelé au combat ses enfans; que l'étranger, qui est resté tranquille spectateur de nos
miraculeux triomphes, se fût permis de souiller
le territoire, où nos malheurs se seraient-ils arrêtés?

Détournons, messieurs, nos pensées de cette
supposition; elle est trop déchirante; mais jugeons, nous en avons le droit, la gravité du crime reproché à M. de Kergorlay, par l'impression
qu'elle nous aura laissée.

Ce crime est qualifié, par l'article 4 de la loi
du 17 mai 1819, *d'attaque à l'autorité constitutionnelle du roi.*

L'attaque est ici flagrante. Non seulement M. de
Kergorlay conteste cette autorité, mais il en met
un autre à la place; il reconnaît celle de cet enfant royal, auquel il croit sa fidélité engagée, et
qu'il annonce à la France entière *devoir lui être
un jour rendu.*

L'enfant royal vivra, dit-il, pour le bonheur
de la France, et *nous sera un jour rendu.*

Si l'on pouvait impunément donner de pareilles assurances, il n'y aurait plus de gouvernement en France. Le roi des Français ne serait
plus au Palais-Royal, et nous n'aurions qu'un roi
de France remis aux mains de l'étranger.

Notre orgueil national se révolte d'une semblable supposition.

La loi fondamentale, notre charte, exclut à
toujours du trône de France Charles X et tous
les membres de la branche aînée de la maison de
Bourbon.

Cette même loi y appelle, sous le titre de *roi
des Français*, M. le duc d'Orléans et ses descendans à perpétuité.

Imprimer et dire publiquement qu'un autre que

lui , qu'un Bourbon de la branche aînée conserve des droits à la couronne, « qu'il vivra pour le bonheur de la France, et qu'il lui sera un jour rendu ; » c'est attenter au gouvernement légalement existant dans le sens de l'art. 4 de la loi du 17 mai 1819 ; c'est exciter à la haine et au mépris de ce même gouvernement ; c'est provoquer à la désobéissance aux lois , qu'il est le plus essentiel de maintenir, puisque leur violation entraîne des secousses et des révolutions ; c'est pour tout dire en un mot, exciter à la violation de la charte.

Pour motiver sa criminelle doctrine, M. de Kergorlay parle *des sermens* qu'il a faits avec sincérité , de la *légitimité* de la race de Charles X, de *l'inviolabilité* du monarque.

« Des sermens ! » qui ne sait qu'ils supposent des engagemens réciproques , et qu'ils n'obligent celui qui les fait, qu'autant que celui qui les reçoit reste dans la ligne de ses devoirs. L'infraction d'un côté rompt l'engagement de l'autre.

« La légitimité de la race de Charles X ! »

Elle a péri dans les combats de juillet. Le roi Charles l'a renvoyée à son peuple avec les boulets qui sont encore empreints sur les murs de la capitale.

Désormais une barrière insurmontable s'élève. Il y a entre la race de Charles X et le peuple de France , tout le hideux d'une guerre civile.

« L'inviolabilité des monarques ! »

Distinguons : la charte assure l'inviolabilité de *la personne* et non l'inviolabilité *du droit* , qu'il eût été absurde de mettre au-dessus de tout événement.

L'inviolabilité de la personne de Charles X a été respectée jusques à la superstition, et c'est même le plus beau titre de gloire de la France , puisqu'en conduisant son roi déchu jusqu'à la frontière, avec tous les égards dus à son ancien caractère, elle a prouvé qu'elle n'agissait pas avec passion, mais avec cette sagesse, ce discernement, cette modération qui distinguent l'exercice d'un droit.

Que M. de Kergorlay renonce donc à expliquer, à justifier ses doctrines. Elles sont attentatoires à la souveraineté de la nation et à l'exercice qu'elle en a fait, elles constituent un crime et plusieurs délits d'autant plus répréhensibles qu'ils ne tendent à rien moins qu'à nous faire armer les uns contre les autres; à nous donner deux rois, deux chartes, et pour comble de malheur, à appeler chez nous l'étranger pour soutenir l'un ou l'autre.

Messieurs, à côté de ces délits résultant de la lettre de M. de Kergorlay viendraient s'en placer deux autres fort graves sans doute, mais que, par des considérations particulières, nous ne ferons qu'indiquer.

Le premier résulte de ce passage :

« A défaut d'aucun droit, on a allégué en fa-
» veur du roi qu'ont élu les chambres, que lui
» seul pouvait sauver la France ; je pense au
» contraire qu'il était de tous les Français le plus
» incapable de la sauver, parce que de tous les
» Français il est celui à qui l'usurpation à la-
» quelle on le convia dut sembler la plus cri-
» minelle. »

C'est une offense à la personne du roi, d'autant plus gratuite que le fait auquel M. de Kergorlay veut répondre est de notoriété publique. En effet, personne n'ignore que si ce prince n'eût pas voulu prendre les rênes de l'état, les prendre ce jour-là, la France tombait dans une anarchie dont elle serait sortie sans doute, mais après beaucoup de temps et de malheurs.

Dans cette situation, *la nécessité* se réunissait au droit pour autoriser à conférer la couronne. La nécessité est aussi une sorte de légitimité qui repousse l'idée de toute usurpation.

Ainsi, ce dernier passage de la lettre de M. de Kergorlay constitue bien une offense envers S. M. ; mais elle est trop au-dessous d'elle pour qu'elle veuille la relever. D'ailleurs le roi des Français, et c'est héréditaire dans sa famille, ne se souvient pas des injures faites au duc d'Orléans.

Le dernier délit que nous avons à signaler vous est personnel, messieurs, il résulte de cette partie de la lettre où M. de Kergorlay dit que vous êtes transformés en une véritable commission, qui stygmatise à l'avance les condamnations que vous pourriez prononcer, de la qualification d'*assassinat judiciaire*.

Il est possible que votre excessive délicatesse vous porte à mépriser une semblable injure : mais il ne faudrait pas que la crainte d'y paraître céder arrêtât l'expression de toute votre justice.

M. de Kergorlay est coupable des plus grands délits.

Il a attaqué ce que depuis plus de trois mois nous nous plaisons à admirer : notre belle, notre héroïque révolution.

Il en a blâmé tous les effets.

Il a condamné celui qui les renferme tous ; celui qui, fermant l'abîme de nos dissentions, nous a donné une charte et un roi : une charte qui détermine les droits du peuple et les obligations du roi ; un roi qui, sachant par l'exemple ce qu'il en coûte pour avoir violé ses sermens, est d'ailleur, trop honnête homme pour en avoir jamais la pensée.

Au blâme de tout ce qu'ont produit les belles journées, M. de Kergorlay a ajouté des délits bien caractérisés.

Il s'est prétendu lié à un autre souverain que celui que la France reconnaît.

Il l'a montré vivant *pour le bonheur de la France et toujours prêt à y rentrer.*

En peu de mots : offenses envers le roi et les chambres, attaque à leur autorité constitution- nelle, provocation à la désobéissance aux lois.

Tels sont les délits nombreux que nous vous dénonçons, et pour lesquels nous venons vous demander justice sévère, justice éclatante qui ef- fraye les insensés et arrête les crédules.

Il faut que les uns et les autres sachent qu'il y a en France un roi, un gouvernement et des lois, et qu'on ne peut attaquer ou offenser les uns, ni provoquer à la désobéissance des autres, sans re- cevoir immédiatement le châtiment auquel on s'est exposé.

Nous n'avons plus qu'un mot à dire des gérans responsables des deux journaux, cités devant vous conjointement avec M. de Kergorlay.

Ils sont les véritables auteurs de la publication; sans eux, sans leur consentement, les délits dont nous nous plaignons n'eussent pas été commis.

La loi est formelle.

Ils doivent donc être condamnés conjointement avec M. de Kergorlay.

Dans ces circonstances et par ces considéra- tions, nous requérons, au nom du roi, qu'il plaise à la cour;

Vu la lettre signée comte Florian de Kergor- lay, pair de France, insérée dans le numéro du

journal dit la *Quotidienne* du 20 septembre 1830 ;
et dans celui de la *Gazette de France* du 27 du
même mois.

Vu le réquisitoire de M. le procureur près le tribunal civil du département de la Seine, portant que,
» par la publication de cette lettre, M. de Ker-
» gorlay, de Brian, gérant de la *Quotidienne*,
» Genoude et Lubis, de la *Gazette de France*,
» se sont rendus coupables du délit d'excitation
» au mépris et à la haine du gouvernement du
» roi des Français.

Vu l'arrêt de la cour royale de Paris du 5 de
ce mois de novembre, portant que les tribunaux
ordinaires sont incompétens, et qui renvoie la
cause devant qui de droit;

Vu l'article 29 de la charte constitutionnelle,
qui dispose qu'aucun pair ne peut être arrêté que
de l'autorité de la chambre et jugé que par elle en
matière criminelle;

Vu l'ordonnance royale du 9 du présent mois,
qui convoque la cour des pairs;

Attendu qu'à la date de la publication de sa
lettre, comme à celle où ont commencé les poursuites judiciaires, M. de Kergorlay était pair de
France, et que ce n'est que depuis cette époque
qu'il a cessé de faire partie de la chambre;

Nous requérons qu'il plaise à la cour se déclarer compétente, en conséquence, faisant droit
sur nos plaintes et réquisitions:

Vu les articles 1, 2, 4 et 6 de la loi du 17 mai
1819, 4 de la loi du 25 mars 1822;

En ce qui touche M. Florian de Kergorlay, ancien pair de France,

Attendu que par sa lettre ci-dessus datée, il
s'est rendu coupable d'attaques à l'autorité constitutionnelle du roi, d'excitation au mépris et à la

haine de son gouvernement, ainsi que de provocation à la désobéissance aux lois,

Le condamner conformément aux articles 2 et
4 de la loi du 17 mai 1819, en deux années d'emprisonnement et 10,000 fr. d'amende.

En ce qui touche les sieurs de Brian, gérant de
la *Quotidienne*, et Genoude gérant de la *Gazette de France* ;

Vu les articles ci-dessus cités des lois des 17
mai 1819 et 25 mars 1822 ;

Vu l'article 8 de la loi du 18 juillet 1828,
portant que les signataires de chaque feuille pério-
dique seront responsables de son contenu, et pas-
sibles de toutes les peines portées par la loi, à
raison de la publication des articles ou passages
incriminés, sans préjudice de la poursuite contre
l'auteur desdits articles comme complice ;

Vu également l'art. 14 de la même loi du 18
juillet 1828, portant que les amendes qui auront
été encourues pour délit de publication par la
voie d'un journal, ne seront jamais moindres du
double du *minimum* fixé par les lois relatives à
la répression des délits de la presse ;

Condamner les sieurs de Brian, de Genoude,
chacun en une année d'emprisonnement et en une
amende, savoir : le sieur de Brian, de six mille fr.
et les sieurs Genoude et Lubis ensemble de pareille somme de six mille francs.

Les condamner tous aux frais du procès.

Un moment d'agitation succède au réquisitoire
du procureur-général. Le comte de Kergorlay se
lève. (Profond silence ; mouvement marqué de
curiosité).

Messieurs, dit-il, lorsqu'il plut à S. M. le roi
Louis XVIII de m'élever à la pairie, je n'avais ni
sollicité ni désiré cette dignité. Je préférais les

fonctions de député auxquelles, depuis la seconde restauration, les suffrages de mes concitoyens m'avaient trois fois porté. Au cas qu'ils n'eussent pas cessé de me les accorder, je croyais apercevoir des chances plus favorables pour me rendre utile à mon roi et à mon pays dans la chambre élective que dans la chambre héréditaire. La volonté de Louis XVIII en décida autrement, et je m'y soumis. J'eus lieu d'en sentir une reconnaissance d'autant plus profonde, que je n'avais jamais courtisé sa faveur, ni celle de ses ministres; son ame généreuse désira donner une haute marque de sa bonté à un homme qu'il savait bien intentionné, et qui avait eu plus d'une fois par la liberté de ses opinions le malheur de lui déplaire.

Trois fois dans la chambre des députés, et la quatrième dans celle des pairs, je prêtai le même serment « d'être fidèle au roi, et d'obéir à la charte constitutionnelle et aux lois du royaume. » Ce serment, Messieurs, vous l'avez tous prêté comme moi, et tous nous avions compris qu'il engageait notre fidélité, non seulement au roi à qui nous le prêtions, mais aussi à ses successeurs légitimes. Je crus, en prêtant ce serment parmi mes collègues, prendre envers mon roi, mon pays et eux-mêmes, l'engagement solennel d'y demeurer fidèle. Je crus que mes collègues avaient pris le même engagement envers le roi, envers la France, envers moi.

D'où vient donc que je comparais aujourd'hui, comme accusé, devant une partie de ces mêmes collègues? D'où vient que je les vois siéger devant moi comme mes juges? J'ai le droit de le demander; j'ai le droit de le chercher.

Ce serment que nous prêtâmes tous, on ne m'accuse pas d'y avoir été infidèle.

C'est au contraire à cause des conséquences nécessaires de cette fidélité même, que j'ai été cité à comparaître ici pour me justifier.

Une révolution s'est opérée, dans le tumulte de laquelle fut créé soudain un lieutenant-général du royaume. Le roi donna la ratification de son autorité à cette nomination irrégulière, abdiqua, ainsi que son fils, en faveur de Mgr. le duc de Bordeaux, et, se fiant au premier sujet du nouveau roi, le chargea de le faire proclamer.

Deux cent dix-neuf députés préférèrent, le 7 août dernier, déclarer le trône vacant, faire une nouvelle charte, dont un article excluait de la chambre des pairs tous ceux qu'avait nommés Charles X, et offrir la royauté au lieutenant-général du royaume. Quatre-vingt-neuf pairs adhérèrent le même jour à la nouvelle charte et à la nouvelle royauté, déclarant ne pouvoir délibérer sur l'exclusion de leurs collègues, et s'en rapporter à la prudence du nouveau roi.

Pour de telles énormités, sur quels droit put-on prétendre s'appuyer? La souveraineté du peuple est le principe que nous avons entendu invoquer. Mais ce peuple, que fit-on pour le convoquer, pour le consulter! Qui nous a transmis sa voix, qui a pu nous la faire entendre? Paris, après les sanglantes victoires de juillet, n'a présenté d'autre aspect que celui de la consternation.

Le nouveau gouvernement a osé revendiquer l'assentiment des provinces. La révolution faite à Paris pour elles et sans elles, elles l'ont apprise quand elle était déjà consommée, elles l'ont reçue dans un morne silence. Et quelle voix plus énergique leur restait-il donc pour exprimer leur réprobation? Le silence est la voix des opprimés, et non la sanction de la violence.

Nul moyen de procurer une émission de vœux libres sur la révolution de 1830 n'a été offert à la nation. Bonaparte pour se ressaisir du pouvoir après sa première abdication, n'imposa pas aux intelligences une soumission si passive, et tâcha de rendre moins palpables les illusions. Des régistres furent ouverts, pendant les cent jours, dans toute la France, et tous les citoyens furent admis par le nouveau maître à y voter son *acte additionnel aux constitutions de l'empire*.

Un des articles de cet acte prétendait interdire à tous les Français l'exercice de leurs droits, de demander le rétablissement de la dynastie des Bourbons sur le trône. Les cœurs fidèles s'indignèrent, et quelques citoyens, par la publication des motifs de leurs votes négatifs, trouvèrent quelque consolation à protester contre cet attentat porté à la plus chère de nos libertés publiques.

Ces publications circulèrent librement ; Bonaparte, qui voulait colorer de quelque apparence de liberté son usurpation nouvelle, se garda bien, les ayant provoquées, en invitant chacun à voter, de les faire poursuivre.

Le roi-citoyen n'a pas voulu tant de liberté ; il n'a pas consulté la nation sur son élévation au trône ; ayant arraché aux fonctions qu'ils s'étaient engagés à remplir tous les hommes fidèles à leur serment, leur ayant ainsi imposé la nécessité de dire à leurs concitoyens pourquoi ils cessaient de s'acquitter des fonctions qui leur avaient été confiées, il ne s'est pas abstenu de faire poursuivre les publications des motifs des refus de serment.

Les révolutions sont d'ordinaire le triomphe accidentel d'une minorité audacieuse sur la volonté nationale prise au dépourvu.

Bientôt le voile se déchire : des théoristes et

des banquiers entreprennent de gouverner ; les théoristes les abandonnent , le crédit public s'anéantit.

Mais enfin le pouvoir est envahi. Que doit-on dire, que peut-on faire ? demandent les fragmens épars d'une nation frappée de stupeur.

L'un dit : « J'ai été fidèle à mon serment avant que celui à qui je l'avais prêté eût violé le sien ; en violant le sien , il m'a délié du mien : je ne sens ni scrupules, ni remords. »

D'autres disent : « Se soumettre à la force est un acte licite en soi ; cédant au malheur des temps , nous pourrons être encore utiles à notre pays , épargner quelques malheurs à nos concitoyens. »

Les deux argumens, fort différens l'un de l'autre , opposés même l'un à l'autre , que je viens de citer , n'ont pas porté la conviction dans mon esprit.

Quand au système qui s'efforce de mettre la conscience à l'aise en désavouant les scrupules et les remords , il a trouvé peu d'échos dans la nation.

En ce système , bien des choses ont été oubliées.

La loi civile , dont on y essaie de rappeler le principe , reconnaît bien (1) que la résolution légale d'une obligation réciproque doit résulter de son inexécution de la part d'un des contractans : mais elle ajoute que la résolution du contrat n'aura pas lieu de plein droit, qu'elle sera , au contraire, demandée en justice.

Elle reconnaît donc , pour décider entre les parties , la nécessité d'un juge supérieur.

Entre un citoyen et son roi légitime , je ne connais pas le juge suprême.

(1) Art. 1184 du Code civil.

On a parlé d'un vœu général de la nation : on
a prétendu le connaître ; on a eu soin de ne pas
essayer de le constater.

Lors du jugement de Louis XVI , ses défenseurs...

Vous aviez , Messieurs , naguère, le petit-fils
de l'un (2), le fils de l'autre (3) parmi vous ; ils
se sont montrés fidèles à la mémoire , aux ensei-
gnemens de leurs pères et à leurs propres sentimens : vous les avez expulsés.

Lors du jugement de Louis XVI, ses défenseurs demandèrent l'appel au peuple. La Convention sentit assez quel en serait le résultat. Elle
le refusa.

Si aujourd'hui le peuple eût été appelé à choisir entre Henri-Dieu-donné et le fils du régicide
(mouvement), y a-t-il quelqu'un ici qui ose dire
qu'il ignore qui la voix du peuple aurait proclamé ?

La charte de 1814 porte que « la personne du
roi est inviolable et sacrée. »

Tous ceux qui ont expulsé leur roi en 1830
avaient juré cette charte et la bravèrent, comme
les juges de Louis XVI avaient, en le condam-
nant à mort, bravé la Convention de 1791 qui
avait pareillement déclaré son inviolabilité.

La Convention, juge et partie contre Louis
XVI, l'entendit avant de le condamner, et un
jeune roi, dont l'innocence le protége contre tout
sentiment de haine, ne peut se faire entendre
pour rallier tous les cœurs aux espérances qui
s'attachent à lui.

En voilà assez, je pense, pour me justifier de

(2) M. le marquis de Rosambo, petit-fils de M. de
Malesherbes.

(3) M. le comte de Sèze.

n'adopter pas le système qui exclut les scrupules et les remords.

Quant au système de ceux qui, en se soumettant à la force, se justifient à leurs propres yeux sur ce qu'il font un acte licite auquel ils attribuent de l'utilité, qui plus que moi, en ce moment, doit faire avant tout la part de l'admiration et de la reconnaissance pour cette profession généreuse qui se dévoue à la défense des accusés? Mais hors de quelques positions particulières, que je ne suis ni en état de bien connaître, ni autorisé à déterminer, ne peut-on pas penser que les sectateurs de ce système, dans sa généralité, créent eux-mêmes ou accroissent la force à laquelle ils croient céder, et que l'utilité qu'ils se sont promise est bien faible en comparaison du mal dont ils affermissent l'existence ?

La doctrine de flexibilité, à laquelle je n'ai pas pu me soumettre, à prêter, suivant les temps, tantôt un serment, tantôt l'autre, n'est pas la mienne, parce qu'elle porte un caractère trop peu élevé ; et quant aux motifs même d'utilité qu'on y allègue, je n'ai pas cessé non plus de trouver que toute l'utilité qu'on peut attribuer aux résultats d'un acte de cette espèce est nécessairement une utilité d'un ordre inférieur. Je n'ai pas cessé de penser que l'utilité solide, étendue, durable, féconde, ne peut dériver, au contraire, que de la fidélité à conformer sa conduite aux inspirations de droiture et d'honneur que chacun a reçues du ciel.

Deux exemples auraient été bien faits pour me faire fléchir, si j'eusse pu fléchir ; ce sont ceux de deux illustres orateurs, qui tous deux ont présidé la chambre des députés, l'un dans les deux premières, l'autre dans les deux dernières années de

la restauration (messieurs Lainé et Royer-Col-
lard). Je me suis si long-temps efforcé de m'ins-
truire en les écoutant, j'ai si constamment admiré
leur grave éloquence et l'élévation de leurs ames,
que je ne saurais sentir à leur égard qu'un désir
ou qu'un regret, celui de les trouver ou de ne
les trouver pas, dans un constant et parfait accord
avec eux-mêmes. Ici la cause de mon regret est
de ne les avoir pas vus sortir, comme il leur con-
vient toujours de sortir hors de l'ornière com-
mune ; la cause de mon regret est, l'oserai-je dire,
de les avoir vus penser trop humblement d'eux-
mêmes. Qu'ils se représentent la pureté de mon
cœur, qui est celle des leurs, unie à l'ascendant
victorieux de leurs illustres noms et de leurs éloquentes paroles ; et qu'ils me disent quel est le
Français qui leur aurait pu résister.

J'ai contracté, par l'acceptation de la pairie
qui me fut conférée par Louis XVIII, l'obligation d'en remplir les fonctions. Ces fonctions lé-
gislatives et judiciaires, l'abus de la force matérielle m'empêche de les remplir, en soumettant
leur exercice à la condition d'une prestation de
serment nouveau, réprouvé par ma conscience.
Je devais donc à moi-même, à la chambre des
pairs et à tous mes concitoyens, de leur rendre
compte des motifs de mon refus de prêter ce serment.

Le procès que j'ai à soutenir offrira un étrange
spectacle dans le cours de la justice humaine.
Des hommes qui, par des prétextes divers, ou
des causes diverses qui leur sont connues, ont ab-
juré leurs sermens, sont appelés à me juger sur
les motifs qui m'ont déterminé à demeurer fidèle
au mien.

Je livre cette réflexion à leurs consciences.

Une autre pensée me frappe. Tous les pairs nommés par Charles X, et tous ceux des pairs nommés par Louis XVIII, qui sont demeurés fidèles à leur serment, ont été expulsés de cette chambre, où j'ai droit de les réclamer comme mes juges. Je proteste ici contre une telle mutilation de la cour des pairs, et je demande qu'il me soit donné acte de ma protestation.

Cependant, Messieurs, je comparais devant vous, parce que j'ai été menacé, si je ne comparaissais pas, d'être jugé sans être entendu. Je comparais, accompagné de mon défenseur. Ma défense sera entendue, et de la portion ici présente des pairs du royaume, qui seuls ont le droit de me juger, et de mes concitoyens à qui je soumets volontiers tous les actes de ma vie.

L'audience est un instant interrompue.

M. le président rappelle de nouveau que les défenseurs ne doivent pas s'écarter de la décence et du respect dû aux lois. Ce que le respect dû à la position d'un accusé doit faire tolérer, ne pourrait l'être dans la bouche d'un avocat.

M. Berryer. La cour des pairs doit être persuadée qu'après un exercice déjà ancien et honoré de ma profession, l'itérative recommandation, de M. le président était superflue. Je connais la hauteur de votre justice, et je sens que la grandeur de mon ministère s'élève en cette circonstance. Je le remplirai avec dignité, mais avec liberté ; car je ne pourrai croire que par ces paroles on ait voulu m'en ôter la force.

Le jour où la moitié des députés de France, et à peu près le quart des pairs du royaume, improvisa en peu d'heures une constitution nouvelle et un roi nouveau, M. de Kergorlay était en pays étranger. Il s'empressa d'exprimer son opinion sur ces actes.

3

Je pense, disait-il, dans une lettre en date du 10 août, que le premier des droits publics des Français est celui de conserver leur dynastie légitime, dans l'ordre de primogéniture de, mâle en mâle tel qu'il est établi depuis tant de siècles parmi nous. Je pense en conséquence qu'aucune chambre n'est autorisée à les priver de ce premier de leurs droits.

Je pense que le trône de France n'était point vacant lorsque la chambre des pairs a délibéré sur la supposition de cette vacance. Je pense que par le seul fait de la double abdication de S. M. le roi Charles X et de son auguste fils, le trône appartient à cet instant même à S. A. R. Mgr. le duc de Bordeaux. Je suis également convaincu que la chambre des pairs, qui ne doit sa propre existence qu'au roi d'une monarchie héréditaire, n'aura aucunement le droit de rompre cette hérédité et de transférer la couronne à un autre qu'à celui à qui le droit d'hérédité la confère.

M. le président fit connaître à M. de Kergorlay que la discussion étant terminée, il n'y avait plus à s'occuper de sa protestation. La lettre de M. de Kergorlay fut publiée dans les journaux et ne fut suivie d'aucune poursuite. M. de Kergorlay croyait donc n'avoir plus à s'expliquer désormais sur la question, lorsque la loi du 31 août obligea tous les fonctionnaires à prêter serment de fidélité au roi des Français sous peine, pour MM. les pairs, d'être considérés comme personnellement déchus du droit de siéger.

M. de Kergorlay dut alors délibérer et se résoudre dans le délai de la loi.

Je conçois parfaitement qu'une loi, comme celle du 31 août, peut être une ressource puissante pour établir un gouvernement nouveau ;

mais, en de telles circonstances, une loi est impérieuse et dure. Elle met aux prises l'intérêt, l'existence sociale, avec la conscience et la conviction. Il y a plus ; elle est dangereuse ; car elle livre le nouvel ordre de choses au jugement de chacun, en obligeant à se prononcer pour ou contre, par la résolution qu'elle provoque.

Aussi le serment demandé dans ces derniers temps a-t-il été envisagé diversement par ceux auxquels cette grande question était soumise.

Les uns ont pensé qu'ils devaient s'empresser de jurer la fidélité nouvelle qui leur était demandée, qu'ils pouvaient se constituer juges du prince auquel ils avaient dû jusqu'alors obéissance, et qu'arbitres des engagemens qui les liaient, il leur appartenait de déclarer que ce souverain avait violé sa loi envers eux, qu'ils étaient libres désormais et pouvaient promettre leur dévouement à un gouvernement nouveau.

D'autres ont considéré que ce gouvernement nouveau déclarait officiellement que le serment demandé *n'était que l'engagement pour le fonctionnaire public de consacrer au bien du pays l'autorité dont il est revêtu,* (*Moniteur* du 10 août.) Ils ont pensé que dès-lors ce n'était pas un acte de foi en de nouveaux principes, mais de soumission à un fait dominateur. Ils ont également pensé qu'indépendamment de leurs devoirs envers le prince légitime, ils avaient de légitimes devoirs à remplir envers leurs concitoyens, et qu'en protestant pour le droit qu'aucune force ne peut détruire, ils devaient se soumettre aux conditions présentes pour s'acquitter de leurs charges, et ne pas abandonner aux seuls hommes d'une opinion contraire les intérêts de ceux qui partageaient leurs sentimens.

M. le comte de Kergorlay n'a suivi ni l'une
ni l'autre de ces deux opinions. Dans son grave
esprit, il ne s'agissait pas, comme l'a supposé
M. le procureur-général, d'une lutte hardie de
la pensée, de la parole, du cri de la conscience;
il a voulu être en paix avec lui-même. Aux yeux
du noble pair, le serment s'est présenté avec ce
caractère de gravité, de majesté, de sainteté
que lui ont imprimé tous ces vieux juriscon-
sultes, ces hommes des temps d'ignorance,
comme vous les appelez, dont les lois cependant ont si long-temps gouverné et gouvernent
encore le monde. M. le comte de Kergorlay a
regardé le serment comme un engagement reli-
gieux de la conscience et de la pensée même où
Dieu est pris à témoin, et dont il doit seul être
le vengeur, parce qu'un tel acte n'a pas pour
objet les actes extérieurs que l'homme peut connaître et juger et punir.

Lié par un premier serment qui l'enchaînait
à des droits établis, reconnus, consacrés, il
s'est demandé si ces droits avaient péri, quel
droit nouveau leur avait succédé. Convaincu que
rien n'avait rompu ses premiers engagemens,
il a compris qu'il ne pouvait s'y soustraire, et
que, forcé de suspendre l'exercice des hautes
fonctions qui lui sont confiées, il l'était aussi
d'expliquer à ses concitoyens les motifs du refus
de serment.

Un tel acte peut-il devenir criminel aux yeux
de qui que ce soit? L'homme qui interroge sa
conscience et répond ce qu'elle lui dicte, peut-
il être justement poursuivi, peut-il être accusé,
condamné? Et cependant ce sont ceux qui l'ont
interrogé qui demandent qu'il soit puni pour
avoir répondu. Certes l'accusation est étrange

dans son principe, et je dois le dire : Il est douloureux de remarquer que ce n'est que sur la provocation d'un journal, et en quelque sorte par obéissance à ce journal, dont l'article a paru le 27 septembre au matin, qu'on a, par condescendance, intenté le procès.

Me Berryer donne ici une nouvelle lecture de la lettre incriminée.

Voilà, Messieurs, continue Me Berryer, la lettre pour laquelle on vient réclamer de vous des condamnations ; mais en vertu de quelles lois ? Au nom des lois qui réprimaient les attaques faites à la légitimité. On veut punir la défense des principes de la légitimité au nom des lois qui punissaient la trahison aux sermens prêtés.

Il est vrai qu'il est deux doctrines qui partagent le monde sur la nature, le principe du pouvoir, sur les principes des droits sociaux. L'une est celle de l'autorité héréditaire légitime, du droit des souverains, quelque fondement qu'on lui donne, que ce soit la seule antiquité de son existence, ou que ce soit une sanction plus haute, plus sacrée. L'autre est celle de la souveraineté des peuples, le droit qu'ont les nations de se donner à leur gré un gouvernement, des législateurs, des maîtres.

Etrange singularité! les partisans de la doctrine de la souveraineté du peuple, de ce droit imprescriptible, impérissable comme on l'appelle, expriment sur ce que vous avez fait les mêmes sentimens que M. de Kergorlay. Ils contestent, comme M. de Kergorlay, la validité de ces actes nouveaux. Vous le savez, Messieurs, un membre d'une autre chambre (M. Cormenin) a proclamé hautement que tout ce qui a été fait était une violation des droits de la nation.

M. Berryer donne ici lecture à la cour de la lettre par laquelle M. Cormenin donna sa démission, et des actes émanés de lui, explicatifs de sa détermination.

Il fait surtout remarquer les passages suivans :

Quel est donc le principe de la souveraineté nationale, du système, enfin, où nous nous trouvons aujourd'hui placés ? c'est que le peuple doit proposer la charte par ses organes constituans, ou du moins la sanctionner. Or, ici les organes constituans ont-ils proposé ? Le peuple a-t-il sanctionné ? Non. Donc il y aura eu peur de l'anarchie, gravité des circonstances, péril, urgence, tout ce que l'on voudra ; mais quoiqu'on en puisse dire, avant, pendant, ni après, il n'y a pas eu de légalité !...

Je persiste donc à croire qu'après une révolution qui a aboli la légitimité des chartes octroyées, et qui a fait remonter le pouvoir à sa source, il n'y a rien de légal sans le mandat spécialement constituant des assemblées primaires, des électeurs et des députés.

Vous le voyez, Messieurs, le député que je cite a, comme M. de Kergorlay, publié sa doctrine et il n'a pas été poursuivi. Et de quel droit, par quelle loi, sur quel fondement légal pouvait-il l'être ? Aucune loi n'existait ni n'existe encore pour venger ce droit nouveau, cet établissement qui compte si peu de jours. Chacun de vous, Messieurs, en est convaincu. Un ministre est venu dernièrement vous présenter un projet de loi pour suppléer, dans les circonstances actuelles, au silence absolu de la législation, pour donner une sanction légale à cet ordre nouveau fondé, non sur un principe, mais sur des faits récens.

M. Berryer donne ici lecture du projet de loi qui tend à substituer une nouvelle disposition à l'art. 2 de la loi du 25 mars 1822. Il continue :

M. le procureur-général a compris, sans doute, que la loi qui est demandée pour suppléer à l'abrogation évidente de l'art. 2 de la loi du 25 mars 1822 n'était pas encore une loi protectrice des droits qu'il a voulu défendre. Il a eu recours à de vains subterfuges qui, dans cette enceinte, sentent beaucoup trop les juridictions inférieures. Si l'art. 2 de la loi du 25 mars 1822 est considéré comme abrogé, c'est qu'il a été reconnu qu'il était fait pour protéger un ordre de choses qui ne règne plus.

Il n'est pas besoin de grands développemens pour repousser les argumens tirés de l'application de la loi du 17 mai 1819. Il est évident que les dispositions des art. 2 et 4 de cette loi, reproduites par l'art. 2 de la loi du 25 mars 1822, se trouvent implicitement abrogées par la force, la puissance des choses.

Après une lumineuse discussion de ce point de droit, l'orateur continue.

Sous un autre rapport, comment se peut-il que M. le comte de Kergorlay puisse être poursuivi pour avoir fait entendre le cri de sa conscience dans une circonstance où cette conscience était interrogée ? Par qui donc serait-il jugé ? J'honore trop le caractère de ceux devant qui je parle, je sais trop bien comment ils comprennent leur dignité, pour n'être pas persuadé qu'ils savent ce que c'est que le haut rang d'un pair de France.

Il n'est pas un de vous, nobles pairs, qui, en présence de cette immense question d'un nouveau serment à prêter n'ait interrogé la voix de sa conscience et la voix impérieuse des nécessités du moment. Vous avez tous réfléchi, vous avez tous pensé comme M. le comte de Kergorlay. Eh quoi! le puniriez-vous de ce qu'il n'aurait pas senti comme vous l'autorité des circonstances, de ce qu'il se serait arrêté dans un chemin que vous avez parcouru? Le ministère public, j'en suis convaincu, n'a pu concevoir l'espoir du succès en provoquant votre sévérité. Quel est celui d'entre vous qui pourrait condamner celui qui, interrogé comme vous, délibérant comme vous, méditant comme vous sur l'acte qu'il était appelé à faire, n'a eu d'autre tort que de ne pas suivre entièrement votre avis.

Jamais pareille condamnation n'a été demandée dans le monde; je n'en connais pas d'exemple, et au milieu des changemens qui ont fatigué notre pauvre France depuis quarante années; au milieu de toutes ces constitutions établies pour demeurer à jamais, et cimentées pour durer jusqu'à la fin des siècles, les pouvoirs du temps ont demandé bien des sermens, bien des votes; les uns ont refusé ces sermens, ces votes; les autres ont gardé le silence. Le silence! ce mot m'arrête : le silence peut être coupable, car le magistrat qui sur son siége est invité à prêter serment et qui abaisse la main et détourne la tête, pense et proclame hautement par ce refus tout ce qu'a dit, tout ce qu'a proclamé M. de Kergorlay.

Le silence désormais peut être un crime, un crime d'autant plus punissable, qu'il s'y mêle du dédain, et que par conséquent il est plus offensant et plus répréhensible.

Cet appel aux consciences est de toutes les tyrannies la plus odieuse.

Bonaparte consulta aussi la France dans les cent jours. M. le comte de Kergorlay vous l'a rappelé avec cette modestie si noble, et te fermeté qui émeut les cœurs et qui parie si hautement aux consciences, que quelque bien qn'on ait pu faire, on craint encore d'avoir mal fait, quand on n'a pas fait comme lui. Il vous a dit que dans les cent jours il a été appelé à délibérer sur les droits de Bonaparte, il a délibéré dans sa conscience. Il a répondu. Il a fait plus ; il s'est cru comptable de son opinion envers ses concitoyens. Le 23 mai 1815, il protesta hautement et publiquement dans un écrit imprimé contre le décret du 9 mai 1815, dans lequel, disait-il, il ne pouvait voir qu'une violation manifeste des lois.

Jamais pourtant M. de Kergorlay ne fut poursuivi pour l'expression noble, libre et énergique de sa pensée. C'est donc un droit nouveau qu'on a songé à exercer devant vous.

Il me reste, Messieurs, une partie grave de la défense à parcourir. Des offenses, a-t-on dit, ont été commises envers un monarque au nom duquel la loi répressive des offenses n'est pas encore faite.

M.e Berryer donne ici une nouvelle lecture du passage de la lettre de M. de Kergorlay, où ce noble pair, parlant du roi qu'ont élu les chambres, dit : « Il était de tous les Français le plus incapable de sauver la France, parce que de tous les Français, il est celui à qui l'usurpation à laquelle on le convia dut sembler la plus criminelle. Un de ses ancêtres gouverna mal la France, mais fut du moins parent et régent fidèle pendant la minorité d'un roi enfant dont la vie seule le séparait du trône. Cet exemple méritait d'être préféré comme règle de conduite à des souvenirs moins distans. »

Voilà, ajoute l'éloquent défenseur, de tristes et terribles souvenirs de ce que l'histoire nous a enseigné à tous! Mais je ne vois rien d'offensant dans le sentiment avec lequel M. de Kergorlay a pénétré la pensée du prince et lui a fait juger le violent événement qui lui livre le trône. Il s'est rappelé sans doute, et la noble indignation avec laquelle, dans une lettre à l'évêque de Candoff, ce prince a flétri l'usurpation de Bonaparte, et le généreux dévouement qui le fit plus tard SE JETER SUR LES CÔTES D'ESPAGNE pour y combattre, auprès de Castanoz, ce redoutable ennemi de toute sa race, et tant de grâces, d'honneurs, de bienfaits reçus d'une royale famille à qui il ne reste désormais que les rigueurs de l'exil, les augustes infirmités de la vieillesse et l'innocence désarmée d'un enfant! (Mouvement.)

Plus loin, M. de Kergorlay parle du royal enfant élevé par sa noble mère dans le sentiment intime de ses devoirs envers son peuple. Il ajoute : « L'enfant royal vivra pour le bonheur de » la France, et nous sera un jour rendu. »

C'est là, vous a dit le ministère public, le plus coupable de tous les crimes ; c'est l'acte d'un mauvais citoyen. Oh! amis de la liberté, que je vous reconnais mal dans cette qualification violente d'une expression simple, d'une pensée de l'ame!!! Qu'est-ce donc que cette phrase? L'expression d'un sentiment, d'une espérance, d'un vœu peut-être... Mais vous, ministre rigide de la loi, qu'avez-vous à y reprendre? Existe-t-il un délit dans l'action d'un homme qui adresse au ciel ses vœux et ses espérances?

M. Berryer examine ici en peu de mots la question effleurée par M. de Kergorlay et résultante de la mutilation de la chambre des pairs.

Ici, Messieurs, dit-il, toute discussion approfondie m'est impossible ; je pense que bientôt, sous peu de jours peut-être, dans une cause autrement grave, sous le poids d'une condamnation qui peut être terrible , des hommes se présenteront devant vous. Ils auront les mêmes objections à vous faire. Et quoi! ces raisons qui militent pour eux , ces réflexions, qu'une voix généreuse a fait entendre , seraient condamnées à l'avance? Non, Messieurs; je m'arrête , et cependant ma tâche serait facile si j'avais à justifier ce que M. de Kergorlay a dit sur l'abolition de la pairie à l'égard de tous ceux qui avaient reçu une puissance légitime du roi agissant par un acte légitime de sa volonté.

M. Berryer explique ici comment M. de Kergorlay a dû livrer à la publicité une lettre explicative de son refus de serment dans l'impossibilité où il avait été d'obtenir la publicité de la tribune. Il compare, aux termes dont s'est servi le noble comte dans sa lettre, les termes non moins formels , non moins énergiques, employés dans une semblable circonstance par MM. de Latour-Dupin et Croï-d'Havré.

Pourquoi, dit-il en terminant, aucune poursuites n'ont-elles été dirigées contre ces premières déclarations? parce que ces lettres avoient été lues dans le sein de la chambre des pairs. Combien donc n'ayons nous pas tous à regretter que la lettre de M. le comte de Kergorlay n'ait pas été lue à la tribune de la chambre des pairs? M. de Kergorlay, dans cette lettre, parlait comme pair de France. On eût été, dans ce cas, obligé de reconnaître qu'il était garanti contre toute attaque par l'inviolabilité d'un pair de France. Ce triste et déplorable procès n'eût pas été engagé. Quand je dis ce triste procès , ce n'est pas que j'en redoute l'issue. J'en ai la conviction, nobles pairs , cette cause ne sera pas le premier triomphe de cette *guerre à mort* qu'un organe de la justice est venu proclamer dans l'enceinte du temple des lois (mouvement général).

M. Guillemin se lève pour la *Quotidienne.*

Nobles pairs , dit-il, après les éloquentes paroles que vous avez entendues et dont l'émotion durera long-temps encore, ma cause n'offre qu'un intérêt faible et bien secondaire.

C'est comme responsable de la publication d'un document *parlementaire* que la *Quotidienne* est poursuivie ! Et quel est l'auteur de ce document ? Un pair de France dont le caractère , et je dois dire l'héroïsme, inspire le respect à ceux-là mêmes qui ne partagent pas ses principes !

Le nom de M. le comte de Kergorlay était donc la caution de sa lettre.

Sa dignité de pair commandait l'insertion sous peine de manquer aux plus hautes convenances.

Enfin, les droits sacrés qu'il réclamait comportaient une manifestation solennelle.

D'abord, dans une question de bonne foi , la considération personnelle conserve toute son influence ; et , grâces au ciel , il est des hommes dont le nom seul offre avec soi la notoriété de l'honneur et l'ascendant de la vertu !

M. de Kergorlay se présentait avec cette espèce d'auréole.

A la noblesse de son caractère personnel, M. le comte de Kergorlay , joignant sa dignité politique , exerçait sous ce rapport des droits encore plus imposans que ceux d'une confiance privée.

Portion individuelle de l'un des trois grands pouvoirs , il possédait en effet un privilége de puissance. Il en avait imprimé le sceau dans sa lettre du 23 septembre; c'était là une sorte de *pareatis* pour les journaux : et cette déférence n'est pas seulement dans l'intérêt d'un personnage, mais elle tient à l'ordre politique, et on peut la dire légale, constitutionnelle, nécessaire. Oui! c'est la loi de l'état qui décerne cette autorité à la pairie dans l'exercice de ses fonctions et de ses prérogatives.

En appliquant l'immunité des pairs de France aux discours tenus par eux dans le sein de la chambre, l'art. 21 de la loi dn 17 mai 1829, ne fait que consacrer surabondamment une des conséquences du principe général et préexistant de leur inviolabilité.

Or, si cette immunité appartient à des discours, à combien plus forte raison est-elle acquise aux actes essentiels de la pairie, et spécialement à une protestation qui a pour objet d'en revendiquer tous les droits, comme *inamovibles*.

Il faudrait plus que de la subtilité pour prétendre qu'un pareil acte n'étant pas présenté à la tribune même et en personne par son auteur, ne jouit d'aucun privilége.

Sans doute les membres des deux chambres ne doivent pas obtenir l'inviolabilité hors du cercle de la loi; sans doute, par exemple, ils ne peuvent la réclamer pour des opinions publiées *de propre mouvement*, hors de l'enceinte parlementaire. Mais, qui ne comprend toute la différence d'une excursion bénévole, et d'un acte obligé de la pairie? Dans le premier cas, rien ne légalise l'opinion incriminée; dans le second, au contraire, il s'agit d'un acte officiel, d'un acte public, d'un acte qui porte avec soi tous les caractères de son authenticité.

Permettez, nobles pairs, la franchise d'un res-
pectueux langage : à la suite d'un déchirement
politique , dans un débat où il défend son titre
même , un pair de France conserve une sorte
d'autorité personnelle , et , si j'ose le dire , une
autorité presque rivale d'une puissance supérieure
en nombre ; par conséquent, une autorité dont sa
protestation peut impunément porter l'empreinte.

Alors ce document appartient aux archives de
la chambre ; il appartient à l'histoire de la révolution ; il appartient à la postérité ! Il appartient
donc nécessairement aussi aux organes de l'opinion publique, aux journaux ; et dès-lors la protestation de M. de Kergorlay , toujours pair de
France , appartenait à *la Quotidienne* bien légalement, bien constitutionnellement.

Une autre considération , pour la défense de
la Quotidienne (ajoute M. Guillemin), c'est la
nature même des droits dont M. de Kergorlay re-
vendiquait la consciencieuse indépendance.

Ne craignez pas, nobles pairs, que je veuille
toucher indiscrètement à des questions délicates,
et qui d'ailleurs ne sont pas de mon ressort.

Mais si je dois m'abstenir de discuter le fond
de la lettre accusée , je dois dire du moins , en
thèse générale, que sur les deux principales questions, celle de l'antique légitimité, et celle du
serment, *la Qnotidienne* a donné, avec sa franchise habituelle, une haute profession de foi, et
qu'ensuite elle s'est fait un devoir d'enrégistrer
indistinctement, comme monumens historiques,
toutes les prestations de serment, comme toutes les démissions, abdications et protestations
pour refus de serment. Elle a pour maxime, dans
cette grave matière , que Dieu seul doit rester
juge du fond des consciences , comme le pro-

clamait énergiquement lui-même, dans une loi fameuse , un empereur payen , Alexandre Sévère (1).

La Quotidienne pouvait-elle donc , sans manquer à la vérité de l'histoire , ne pas donner une place à l'acte de refus de serment d'un pair de France ? Pouvait-elle condamner elle - même la publication, sans commentaire, de cette réclamation solennelle ? Pouvait-elle ainsi se constituer juge d'un membre encore vivant du plus grand corps politique? Pouvait-elle soumettre à sa propre censure une lettre adressée à la noble chambre , en la personne de son président ? Pouvait-elle supposer le moindre obstacle en présence de l'article 27 de la nouvelle charte, portant que les séances de la chambre des pairs sont publiques ? En présence surtout de cette haute promesse : *La charte sera désormais une vérité.* Une vérité ! c'est-à-dire une vérité sans restriction , sans réserve, sans voiles ; une vérité toute nue !

Or, le premier droit de la vérité , dans cette grande transition des deux chartes , n'était-ce pas de s'expliquer librement , sincèrement, ouvertement , sur nos intérêts les plus chers et les plus sacrés ?

Que cette liberté ne soit pas donnée à tous les citoyens, on le conçoit dans un intérêt plus grand encore ; mais , qu'il soit dénié à un membre quelconque de l'un des grands pouvoirs, c'est sortir de la charte, c'est sortir du droit politique, c'est sortir de la vérité !

En prescrivant un serment nouveau, la loi a nécessairement provoqué par là l'explication des refus de serment. Les deux chambres avaient d'a-

(1) *Juris jurandi contempta religio* satis *Deum habet ultorem.*

bord fait plus : elles avaient autorisé ceux-là mêmes qui le prêtaient, à faire entendre des regrets et même à montrer des larmes! et l'on voudrait interdire à ceux qui le refusent, le simple droit des doléances!

Les morts politiques sont sujettes à des résurrections; c'est le secret de la Providence! mais même en supposant la mort politique du pair de France, on voudrait régler une agonie, régulariser un dernier soupir!

Et que peut-on craindre? cette même loi du serment ne nous a-t-elle pas fixé un terme? ce terme n'est-il pas déjà loin de nous? et, faut-il menacer encore de tristes débris après la tempête?

Au milieu du bouleversement de l'état, tout a été dit, tout a été vu; les abîmes se sont révélés, en même temps que le ciel se découvrait; et l'on a signalé tout à la fois et les écueils et le port de salut!

Il s'est agi de choisir!...

N'accusons donc point les voix inspirées par la vue des dangers de la patrie. Accusons plutôt le cri de *guerre à mort!* dont le sanctuaire même de votre justice vient d'être si déplorablement affligé!

Mais c'est la cause de M. le comte de Kergorlay. Elle a été grandement, énergiquement défendue : j'en atteste toutes les consciences, même celles de ses adversaires.

Je reviens à la défense de la *Quotidienne*, et je termine par une observation qui me paraît décisive en sa faveur.

Pour la condamner, il faudrait donner aux journaux un droit de contrôle sur les actes émanés des pairs de France.

Elle a mieux compris ses devoirs envers la no-

ble chambre ; elle a fait l'insertion sans remon-
trance, comme sans commentaire.

C'est un double hommage, et à la vérité, et à
la pairie!

M. Hennequin, dans un plaidoyer remarqua-
ble, s'occupe plus particulièremeint de traiter la
question judiciaire. Un murmure unanime d'approbation a accueilli l'éloquent orateur lorsque, rele-
vant avec énergie les paroles du ministère public,
il s'est écrié :

Le ministère public en divisant en catégories
les hommes qu'il juge dignes de son animadver-
sion, a osé dire : guerre à outrance, guerre à mort
à telles opinions ! guerre à mort au nom de la liberté ! guerre à mort à des opinions ! Ah! Messieurs, la liberté ne déclare pas guerre à mort à
la pensée. La liberté combat les opinions et leur
pardonne. La mort à nos ennemis, la mort aux
traîtres ; mais paix et lumière à nos frères. Voilà
quel devrait être le langage de l'accusation.

Il est en France, dit M. Hennequin en terminant, deux grandes puissances ; la justice et l'honneur. La justice et l'honneur veulent également
l'acquittement de M. le comte de Kergorlay.

M. Berville, avocat-général, prend la parole
pour repliquer.

Ce magistrat en appelle à la conscience de MM.
les pairs assemblés comme grand jury. Il lenr
donne une nouvelle lecture de l'article incriminé,
et persiste dans les conclusions prises par M. le
procureur-général.

Toutefois, en examinant la question de bonne
foi opposée à l'accusation dans l'intérêt des prévenus, M. Berville s'en rapporte à la conscience de
la cour, et concède qu'une grande atténuation
peut être par elle apportée dans l'application des
peines requises par le ministère public.

M. Berryer réplique aussitôt. « Vous avez en-tendu, dit-il, la voix modeste et presque suppliante du ministère public qui, n'abandonnant pas l'accusation, vous priait cependant d'accepter des considérations atténuantes. »

L'avocat reproduit ici avec une nouvelle force ses premiers argumens. Il fait remarquer que le procès a pris une telle direction, que le ministère public voudrait appeler la chambre haute à décider incidemment dans un procès de la presse une haute question entre deux légitimités.

M. Hennequin réplique à son tour. Il est sept heures et demie. M. le président annonce que l'audience est levée et que la chambre se réunira demain à midi en audience secrète pour délibérer.

L'arrêt sera rendu ensuite en audience publique.

Audience du 24 Novembre.

A quatre heures trois quarts, l'audience est rendue publique. Les tribunes se remplissent : M. le président prononce l'arrêt suivant écouté dans le plus profond silence :

La cour des pairs vidant son délibéré :

En ce qui touche le comte de Kergorlay ;

« Considérant qu'il résulte des pièces du procès et des débats, que c'est par sa volonté que la lettre signée de lui, datée du 23 septembre, et dont il se reconnaît l'auteur, a été insérée dans la *Quotidienne* et la *Gazette de France.*

» Considérant que ladite lettre dans son ensemble et notamment dans le passage commençant par ces mots : « A défaut d'aucun droit, » et finissant par ceux-ci : « Nous sera un jour rendu, » contient excitation à la haine et au mépris du gouvernement du roi, et offense à la personne du roi.

» En ce qui touche de Brian et Genoude ;

Considérant que l'insertion de la lettre susénoncée dans la *Quotidienne* du 25 et dans la *Gazette de France* du 27, lesdits de Brian et Genoude se sont également rendus coupables d'excitation à la haine et au mépris du gouvernement du roi et d'offense envers la personne du roi.

Qu'ainsi le comte de Kergorlay, de Brian et Genoude se sont rendus coupables des délits prévus par les art. 4 de la loi du 25 mars 1822 et 9 de la loi du 17 mai 1819, lesquels sont ainsi conçus :

» Quiconque, par l'un des mêmes moyens, aura excité à la haine ou au mépris du gouvernement du roi, sera puni d'un emprisonnement d'un mois à quatre ans, et d'une amende de 150 à 5,000 fr.

» La présente disposition ne peut porter atteinte au droit de discussion et de censure des actes des ministres.

Art. 9 de la loi du 17 mai 1810 : « Quiconque, par l'un des moyens énoncés dans l'art. 1er de la présente loi, se sera rendu coupable d'offenses envers la personne du roi, sera puni d'un emprisonnement qui ne pourra être de moins de six mois ni excéder cinq années, et d'une amende qui ne pourra être au-dessous de 500 fr. ni excéder 10,000 fr.

» Le coupable pourra en outre être interdit de tout ou partie des droits mentionnés dans l'art. 42 du Code pénal, pendant un temps égal à celui de l'emprisonnement auquel il aura été condamné. Ce temps courra à compter du jour où le coupable aura subi sa peine. »

» Considérant aussi qu'il existe à l'égard de Brian et Genoude des circonstances atténuantes :

» Condamne le comte de Kergorlay à la peine de six mois d'emprisonnement et de 500 fr. d'amende ;

» De Brian et Genoude, chacun à la peine d'un mois d'emprisonnement et de 150 fr. d'amende.

» Les condamne solidairement aux frais du procès.

» En ce qui touche Lubis ,

» Considérant qu'il résulte des débats qu'il n'a pas participé à la publication de la lettre insérée dans la *Gazette de France* ,

» Le renvoie des fins de la plainte ,

» Ordonne que le présent arrêt soit exécuté à la diligence du procureur-général du roi.